AF509362

BASSIN DE PARIS

TRAVAUX DU MÊME AUTEUR :

Recherches dans les sables tertiaires des environs de Soissons. Laon, 1851-56, quatre fascicules in-8 avec planches. Épuisé.

Note sur une découverte de Lophiodons, à Jouy (Aisne) ; *in* Bulletin de la Société géologique de France, 2e série 1863, t. XX, p. 679.

Note sur la découverte d'un grand dépôt quaternaire de Mammifères, à Cœuvres ; *in* Bulletin de la Société géologique de France, t. XXI.

L'âge de pierre et les sépultures de l'âge de bronze dans le département de l'Aisne, avec le concours de MM. de Saint-Marceaux et Papillon. 1866, in-4 de 36 pages et 6 planches dessinées et lithographiées sous les yeux de l'auteur, par Mlle Eugénie Watelet . . . . 6 fr.

Note sur un cas de tératologie observé dans une Crucifère; *in* Bulletin de la Société botanique de France, t. III, p. 664.

Sur quelques Fougères observées dans le département de l'Aisne ; *in* Bulletin de la Société botanique de France, t. V, p. 15.

Note sur la floraison d'un *Agave americana*, près de Soissons ; *in* Bulletin de la Société botanique de France, t. VI, p. 187.

Description des plantes fossiles du bassin de Paris. 1 fort volume in-4 avec atlas de 60 planches dessinées et lithographiées sous les yeux de l'auteur par Mlle Eugénie Watelet . . . . 60 fr.

LE
BASSIN DE PARIS

RECUEIL DE MÉMOIRES

RELATIFS

AU BASSIN TERTIAIRE DE CETTE RÉGION

ET A L'ÉPOQUE QUATERNAIRE

CATALOGUE

DES

MOLLUSQUES DES SABLES INFÉRIEURS

PAR

AD. WATELET

Membre des Sociétés géologique et botanique de France,
Officier de l'instruction publique, etc.

PARIS

F. SAVY, LIBRAIRE DE LA SOCIÉTÉ GÉOLOGIQUE DE FRANCE,
RUE HAUTEFEUILLE, 24.

1870

PRÉFACE

En choisissant ce titre : *Le Bassin de Paris*, nous avons pour but de publier, à intervalles irréguliers, mais aussi rapprochés que nous le pourrons, des travaux sur le bassin de Paris.

Le bel ouvrage de M. Deshayes, quoique d'une publication encore récente, devient chaque jour incomplet. Un recueil comme celui que nous inaugurons serait destiné à combler les lacunes, et à compléter l'œuvre du savant conchyliologue ; la publication s'en ferait dans le format de l'œuvre première, l'in-4°. — Tout ce qui se rattache à la paléontologie ou à l'étude préhistorique de l'homme se publierait dans le format de ce catalogue.

Nous serions tout disposé à nous mettre en rapport avec les savants qui voudraient signer des travaux dans ce nouveau recueil.

Le but principal que nous nous proposons en publiant ce catalogue est de mettre sous les yeux des naturalistes la liste des fossiles de la formation si remarquable des sables inférieurs. Cet étage constitue le début de la période tertiaire, et l'on peut, en partant de cette nomenclature, suivre les changements des espèces ou l'apparition des genres qui se font remarquer dans les formations supérieures, telles que le calcaire grossier, les sables moyens, etc. Nous publierons successivement les catalogues des diverses formations.

L'arrangement des espèces est celui que M. Deshayes a adopté, nous n'aurions su mieux faire, et nous n'avons effectué que de légers changements nécessités par les découvertes nouvelles.

Ce catalogue peut faciliter les échanges entre amateurs et aider à l'arrangement des collections locales ou de celles qui sont disposées par étages. Enfin, la disposition de notre texte permet d'arriver plus vite à la détermination des espèces, car les différents caractères forment un tableau synoptique des divisions dont chaque genre est susceptible.

ABRÉVIATIONS.

RRR. Extrêmement rare.
RR. Très-rare.
R. Rare.
AR. Assez rare.

INDICATION DES ÉTAGES.

1. Lac de Rilly ou marnes de même niveau.
2. Sables de Bracheux.
3. Lignites.
4. Horizon d'Aizy.
5. Horizon de Cuise-Lamotte.
6. Horizon de Visigneux supérieur à celui de Cuise-Lamotte, et offrant aussi un mélange des fossiles de Cuise-Lamotte et de ceux du calcaire grossier.

Nous avons fait suivre le nom des espèces du chiffre qui indique son étage.

CATALOGUE

DES MOLLUSQUES

DES SABLES INFÉRIEURS

MOLLUSQUES

UNIVALVES.

Cleodora, Peron et Lesueur.
C. parisiensis, Desh...... RR. **6**.
Chiton, Linné.
C................... RRR. **5**..
Dentalium, Linné.
COQUILLES SANS FISSURE POSTÉRIEURE
Espèces à côtes ou à stries longitudi-
nales.
D. abbreviatum, Desh.... C. **5**.
Espèces lisses.
D. breve, Desh......... RR. **2**
D. nitidum, Desh....... AC. **5**.
COQUILLE FENDUE A SON EXTRÉMITÉ
POSTÉRIEURE.
Espèces ayant des côtes ou des stries
longitudinales.
D. æquale, Desh....... RR. **5**.
D. striatum, Sow....... R. **6**.
Espèces lisses ou annelées.
D. lucidum, Desh....... AR. **4**.
Gadus, Rang.
G. brevis, Desh......... AR. **4**.
Patella, Linné.
P. Marceauxi, Desh..... RRR. **2**
P. contigua, Desh...... RRR. **2**.
Fissurella, Brug.
F. sublamellosa, Desh.... RR. **5**.
F. distans. Desh........ R. **5**.
F. Minosti, Mellev....... RRR **5**.

Parmophorus, de Blainv.
P. arenarius, Watelet.... RR. **5**.
P. cymbiola, Desh....... RRR. **2**.
P. acuminatus, Desh..... RR. **2**.
Pileopsis, de Lamk.
P. singularis, Desh....... RRR. **6**.
P. patulus, Desh........ R. **5**.
P. squamæformis, Desh... AR. **5**.
Calyptræa, de Lamk.
C. trochiformis, de Lamk.. C. **5**.
C. suessionensis, d'Orb.... AC. **2**. **4**. **5**.
Serpulorbis, Sassi.
S. Morchi, Desh........ RR. **5**.
S. anguillinus, Desh..... RR. **5**.
Siliquaria, Brug.
COQUILLES PORTANT SUR LE CÔTÉ UNE
SÉRIE DE PERFORATIONS.
....
COQUILLES AYANT UNE FISSURE SIMPLE
A L'OUVERTURE.
S. gracilis, Desh........ R. **5**.
Turritella, de Lamk.
Turritella.
T. hybrida, Desh........ CC. **4**. **5**.
T. bellovacina Desh...... C. **2**.
T. edita, Sow........... CCC. **5**.
T. Dixoni, Desh......... AR. **4**. **5**.
T. compta, Desh........ CCC. **2**.
T. circumdata, Desh..... CC. **2**.
T. Vaudini, Desh........ R. **5**. **6**.

T. marginulata, Mellev... AR. **4. 5. 6.**
T. uniangularis, de Lamk. RR. **6.**
  Mesalia, Gray.
T. Dienvali, Watelet...... RR. **5.**
T. Hamiltoni, Desh...... AR. **5.**
T. Wateleti, Desh .... RR. **5.**
T. turbinoides, Desh..... CCC. **4. 5. 6.**

Scalaria, de Lamk.
  Scalaria.
    Espèces subturbinées, lamelleuses.
S. Barrandei, Desh...... RRR. **5.**
S. Aizyensis, Desh....... RRR. **4. 5.**
S. involuta, Desh....... RR. **5.**
S. multicincta, Watelet... RR. **5.**
S. contabulata, Desh..... RR. **5.**
    Espèces turriculées treillissées.
S. Bowerbanki, Morris.... RRR. **2.**
S. cerithiformis, Watelet.. R. **5.**
S. acuta, Sow........... RR. **5.**
S. costellata, Desh...... RR. **5.**
S. turritellata, Defr..... RR. **5.**
    Espèces costellées ou lisses.
S. Lamarki, Desh........ R. **5.**
S. marginalis, Desh...... RR. **5.**
S. obsoleta, Desh........ RR. **4. 6.**
S. æmula, Desh......... RR. **2.**
S. Lamberti, Desh....... RR. **5.**
S. subplicata, Desh...... RRR. **2.**
  Eglisia, Gray.
S. impar, Desh.......... RRR. **2.**
S. vincta, Desh.......... RR. **2.**
  Pyrgiscus, Philippi.
S. transversaria, Desh.... RR. **5.**
S. Pilloyi, Watelet...... RRR. **5.**
S. Mercinensis, Watelet.. RRR. **5.**

Littorina, Férussac.
L. densestriata, Desh. ... RR. **5.**
L. prisca, Desh......... RR. **5.**
L. rissoides, Desh....... RR. **2.**
L. sulcata, Desh........ RRR. **6.**

Lacuna, Turton.
L. sigaretina, Desh...... R. **2.**
L. fragilis, Desh........ RR. **2.**
L. bulimoides, Desh..... R. **5.**
L. marginata, Desh...... RRR. **6.**

Quoyia, Desh.
Q. heterogena, Desh..... RRR. **5.**

Rissoina, Alc. d'Orb.
R. transversaria, Desh. ... RRR. **5.**
R. puncticulata, Desh..... RRR. **5.**
R. clavula, Desh........ R. **5.**

Rissoa, Freminville.
R. decipiens. Desh....... RRR. **5.**
R. dactyliosa, Desh...... RRR. **4.**
R. misera, Desh........ RR. **5**

Diastoma, Desh.
D. variculosa, Desh...... C. **5.**

Mesostoma, Desh.
M. cancellaroides, Desh... R. **5.**

Keilostoma, Desh.
K. minor, Desh........ C. **5.**
K. plicatula, Desh....... **2.**
K. incompleta, Desh ..... **5.**

Adeorbis, S. Wood.
A. Michaudi, Desh...... RR. **2.**
A. semistriata, Desh...... R. **5.**
A. nitida, Desh......... RR. **5.**
A. paucicostata, Desh.... RR. **5.**
A. bicarinata, Desh...... AC. **2. 4. 5.**
A. similis, Desh......... R. **5.**
A. rota, Desh........... RR. **5.**

Melania, de Lamk.
  Melania.
M. Cuvieri, Desh........ RRR. **5.**
M. Geslini, Desh........ RR. **3. 5.**
M. inquinata, Defr..... . CC. **3.**
M. præcessa, Desh...... R. **2.**
M. cælata, Desh........ R. **3.**
M. curvicostata, Desh.... AC. **3.**
M. triticea, Fer......... C. **3.**
  Chemnitzia, d'Orb.
M. lactea, de Lamk...... RRR. **5.**
M. Herouvallensis, Desh.. AR. **5.**
M. ventriculosa, Desh.... C. **5.**
M. bimarginata, Desh.... AR. **5.**
M. vetusta, Desh........ C. **2.**
M. hordacea, de Lamk... C. **5.**
M. semicostellata, Desh.. AR. **2.**
M. fibula, Desh........ RR. **5.**

Melanopsis, Férussac.
  Leptoxis, Raffinesque.
M. Parkinsoni, Desh..... C. **5.**
M. obtusa, Desh......... AC. **5.**
  Melanopsis, Féruss.
M. buccinoidea, Fer..... C. **3.**
M. ancillaroides, Desh... C. **3. 5.**
M. buccinulum, Desh.... C. **2.**
M. sodalis, Desh........ C. **2.**
M. ovularis, Desh....... C. **5.**
M. Dutemplei, Desh..... AR. **3.**
M. Dufresnii, Desh...... R. **5.**
M. ornata, Desh........ R. **3.**

Paludina, de Lamk.
P. aspersa, Michaud..... AC. **1.**
P. suessionensis, Desh. . C. **3.**
P. proavia, Desh........ R. **2.**
P. lenta, Sow........... AR. **3.**
P. rimata, Michaud...... RR. **3.**
P. Denoyersi, Desh...... R. **3.**

Bithynia, Gray.

Bithynia.
B. limbata, Desh........... R. **2.**
B. crassa, Desh........... RR. **5.**
B. Nystii, de Boissy....... C. **1.**
B. Heberti, Desh.......... R. **3.**
B. sparnacensis, Desh.... AR. **3.**
B. Websteri, Morris .... RR. **3.**
B. striatula, Desh........ RRR. **5.**
B. cochlearella, Desh.... AR. **2.**
B. Parkinsoni, Morris.... AR. **3.**
Nematura, Benson.
B. intermedia, Desh..... AR. **3.**
B. cylindracea, Desh..... AR. **2.**
B. abnormis, Desh...... AC. **2.**
B. pulvis, Desh.......... AR. **3.**
B. miliola, Desh........ C. **3.**

Ampullaria, de Lamk.
A. problematica.......... R. **2.**

Valvata, Muller.

Valvata.
V. alta, Desh............ RR. **3.**
V. parvula, Desh........ R. **2.**
Girorbis, Fitzinger.
V. Leopoldi, de Boissy.... AC. **1.**
V. inflexa, Desh .... RR. **3.**

Aciculina, Desh.
A. nov. spec............ RRR. **5.**

Eulima, Risso.
E. subnitida, d'Orb...... AR. **2. 4. 5.**
E. parisiensis, Desh...... RR. **5.**
E. acuncula, Desh....... AR. **5.**

Niso, Risso.
N. constricta, Desh...... AR. **5.**

Odostomia, Fleming.
O. biplicatum, Desh...... RRR. **5.**
O. tortilis, Desh........ RRR. **5.**
O. primævum, Desh..... RR. **2.**
O. lignitarum, Desh..... AR. **3.**
O. nanum, Desh........ RRR. **5.**
O. intermedium, Desh.... RR. **5.**
O. turbonilloides, Desh... AR. **5.**
O. turritellatum, Desh.... RR. **5.**
O. Gravesi, Desh........ R. **2.**

Turbonilla, Risso.
Espèces plissées.
T. turrella, d'Orb....... R. **4. 5.**
Espèces lisses.
T. acicula, Desh........ AR. **5.**
T. obesula, Desh........ AR. **5.**
T. spiculum, Desh....... RR. **5.**
T. microstoma, Desh..... AR. **2.**
T. polygyrata, Desh..... RR. **5.**
T. oblita, Desh......... RR. **5.**

T. bimarginata, Desh.... RRR. **2.**
T. nitida, Desh........ AR. **4. 5.**

Pyramidella, de Lamk.
P. clandestina, Desh..... RR. **4.**
P. umbilicata, Desh...... AR. **5.**

Tornatella, de Lamk.
T. turgida, Desh........ RRR. **5.**
T. electa, Desh......... AR. **5.**
T. procera, Desh........ AC. **5.**
T. aizyensis, Desh....... AC. **2. 4.**
T. lœta, Desh.......... RR. **5.**
T. parisiensis, Desh...... CC. **2.**

Ringicula, Desh.
R. minor, Desh......... AR. **5.**

Bulla, Brug.
COQUILLES A SPIRE COMPLÉTEMENT
INVOLVÉE.
Espèces coniques acuminées.
B. radius, Desh.......... RR. **5.**
Espèces cylindriques.
Cylichna Loven.
B. angistoma, Desh...... AC. **2.**
B. coronata, de Lamk.... AC. **4. 5.**
B. Bruguieri, Desh...... C. **4. 5.**
B. consors, Desh........ AR. **4.**
B. cylindroides, Desh.... AC. **4. 5.**
Espèces subglobuleuses.
Haminea, Adams.
B. ovulata, de Lamk..... AC. **5.**
B. sulcatina, Desh....... RR. **2.**
B. cincta, Desh......... R. **2.**
B. glaphyra, Desh....... R. **2.**
B. semistriata, Desh..... CC. **4. 5.**
Espèces conoïdes dilatées en avant.
Scaphander, Montfort.
B. parisiensis.......... C. **4. 5.**
COQUILLES A SPIRE APPARENTE.
Espèces cylindracées.
Akera, Muller.
B. striatella, de Lamk.... AC. **5.**
Espèces dilatées en avant.
Uriculus, Brown.
B. assula, Desh........ RRR. **5.**

Bullæa, de Lamk.
B. Vaudini, Desh....... RRR. **5.**

Umbrella, de Lamk.
U. laudunensis, Desh..... RR. **4.**

Solarium, de Lamk.
Solarium.
S. bistriatum, Desh..... R. **4. 5.**

Thorinia, Gray.
S. patulum, de Lamk..... RRR. 5.
S. subgranulosum, d'Orb.. RR. 4.
S. marginatum, Desh..... R. 5.
S. bimarginatum, Desh... R. 4.
S. intermedium, Desh.... RRR. 5.
S. suessionense, Watelet.. RR. 5.
Disculus, Desh.

....

Philippia, Gray.
S. gratum, Desh........ AR. 5.

Bifrontia, Desh.
B. Laudunensis, Desh.... C. 4. 5.
B. Denoyersi, Michaud... C. 4. 5.

Ancylus, Geoffroy.
A. Matheroni, de Boissy.. RRR. 1.

Limnæa, de Lamk.
L. lignitarum, Desh..... RR. 3.

Physa, Druparnaud.
P. columnaris, Desh..... R. 3.
P. parvissima, de Boissy.. RRR. 1.
P. gigantea, Michaud.... C. 1.
P. primigenia, Desh...... RRR. 2.
P. Heberti, Desh........ RR. 3.
P. Lamberti, Desh....... RRR. 3.

Planorbis, Guettard.
P. Boissyi, Desh........ R. 1.
P. subovatus, Desh...... C. 3.
P. lævigatus, Desh ..... RR. 3.
P. campaniensis, Desh... RRR. 3.
P. hemistoma, Sow..... AC. 3.

Pedipes, Adanson.
P. Lowii, Desh........ RRR. 5.

Stolidoma, Desh.
S. crassidens, Desh...... RR. 2.

Auricula, de Lamk.
A. denticus, Desh....... RRR. 2.
A. adversa, Desh........ R. 2.
A. Dutemplei, Desh...... R. 3.
A. cimex, Desh......... RRR. 2.
A. depressa, Desh ...... RRR. 2.
A. præstans, Desh...... RR. 5.
A. remiensis, de Boissy... RRR. 1.

Carychium, Muller.
C. sparnacense, Desh.... RRR. 3.
C. Michelini, de Boissy... AC. 1.
C. Michaudi, de Boissy... RRR. 1.
C. constrictum, Desh. ... RR. 1.

Vitrina, Drap.
V. Rillyensis, de Boissy... RRR. 1.

Succinea, Drap.
S. sparnacensis, Desh.... RRR. 3.
S. Boissyi, Desh........ RRR. 1.

Helix, Linné.
H. hemisphærica, Michaud. CC. 1.
H. Rigaulti, Desh....... RR. 2.
H. discerpta, Desh. ..... C. 1.
H. rara, de Boissy....... RR. 1.
H. Prestwichii, Desh..... RRR. 3.
H. Drooeti, de Boissy.... RR. 1.
H. Arnouldi, Michaud.... AR. 1.
H. Pellati, Desh........ R. 1.
H. sparnacensis, Desh.... RRR. 3.
H. luna, Michaud....... R. 1.
H. perelegans, Desh.... . RRR. 2.
H. Dumasi, de Boissy.... AR. 1.
H. Geslini, de Boissy..... R. 1.

Bulimus, Scopoli.
B. splendidus, Desh...... RRR. 3.
B. Rillyensis, Desh..... AR. 1.
B. columnaris, Desh..... R. 1.
B. Michaudi, de Boissy... R. 1.
B. turgidulus, Desh..... RR. 2.

Achatina, de Lamk.
A. fragilis, Desh........ RRR. 2.
A. antiqua, Desh........ RR. 2.
A. Terveri, de Boissy.... R. 1.
A. rillyensis, de Boissy... RR. 1.
A. cuspidata, de Boissy... AR. 1.
A. similis, de Boissy..... RR. 1.
A. columnella, Desh..... RRR. 1.
A. diversa, Desh........ RR. 1.

Pupa, Draparnaud.
COQUILLES A OUVERTURES SANS DENTS.
P. patangula, de Boissy... AC. 1.
P. Archiaci, de Boissy.... RRR. 1.

COQUILLES A OUVERTURE AYANT
UNE DENT.
P. inermis, Desh... ..... RR. 1.
P. oviformis, Michaud.... RR. 1.

COQUILLES A OUVERTURE AYANT
PLUSIEURS DENTS.
P. sinuata, Michaud..... AC. 1.
P. remiensis, de Boissy.. RRR. 1.
P. Dhorni, Desh........ RRR. 2.
P. alternans, Desh...... RRR. 1.
P. bigeminata, Desh..... AC. 3.
P. interferens, Desh.... R. 2.

Megaspira, Lea.
M. exarata, Desh..... .. R. 1.
M. elongata, Desh....... AR. 2.

Clausilia, Draparnaud.
C. contorta, de Boissy.... R. 1.
C. Joncheryensis. Desh... RRR. 2.
C. Edmondi, de Boissy... R. 1.

Cylindrella, Pfeiffer.
C. parisiensis.......... RRR. 2.

Cyclostoma, de Lamk.
C. helicinæformis, de Boissy. C. **1**.
C. Dutemplei, Desh . . . . . . RR. **2**.
C. Arnouldi, Michaud . . . . AC. **2**.
C. sparnacense, Desh . . . . RRR. **3**.
C. modicum, Desh . . . . . . RRR. **3**.
C. parvulum, Desh . . . . . . RR. **2**.
C. Matheroni, Desh . . . . . RR. **1**.
C. conoideum, de Boissy . . AR. **1**.
C. insuetum, Desh . . . . . . AR. **2**.

Turbo, Linné.
COQUILLES OMBILIQUÉES.
T. craticulatus, Desh . . . . . R. **5**.
T. rotatorius, Desh . . . . . . AC. **5**.

COQUILLES PERFORÉES.
T. crenularis, Desh . . . . . AC. **5**.
T. Semperi, Desh . . . . RR. **5**.

COQUILLES IMPERFORÉES.
T. herouvallensis, Desh . . . RR. **5**.

Phasianella, de Lamk.
P. Dunkeri, Desh . . . . AR. **5**.
P. tenuistriata, Desh . . . . . RR. **5**.
P. suessionensis, Desh . . . . AC. **5**.

Teinostoma, H. et A. Adams.
T. priscum, Desh . . . . RR. **5**.
T. mitis, Desh . . . . AC. **5**.
T. Wateleti, Desh . . . . R. **5**.

Delphinula, de Lamk.
COQUILLES A OUVERTURE SIMPLE.
Delphinula.

Espèces turbinées.
D. turbinata, Desh . . . . . . CC. **5**.
D. cornupastoris, Desh . . . RR. **5**.
D. separatista, Desh . . . . . RRR. **5**.
D. callifera, Desh . . . . RR. **5**.

Espèces solarioïdes.
. . . .

COQUILLES A OUVERTURE BORDÉE
Liotia.
D. marginata, de Lamk . . . CC. **5**.

Trochus, de Lamk.
COQUILLES AYANT UN TUBERCULE
COLUMELLAIRE.
Textus. Adams.
. . . .

COQUILLES A COLUMELLE SIMPLE.
Ziziphinus, Adams.
T. fragilis, Desh . . . . R. **2**.

COQUILLES A OUVERTURE DILATÉE
SUBCIRCULAIRE.
Diloma, Adams.
. . . .

COQUILLES AYANT SUR LE BORD DROIT
DES SAILLIES EN FORME DE DENTS.
Espèces non grimaçantes.
Monodonta, de Lamk.
. . . .
Espèces grimaçantes.
Clanculus.
. . . .

Xenophora, Fischer.
X. Gravesiana, d'Orb . . . . . R. **5**.
X. nummulitifera, Desh . . C. **4**.

Nerita, Adanson.
Nerita.
N. bicorona, Desh . . . . RRR. **2**. **4**.
N. mammaria, de Lamk . . R. **5**.
N. Brimonti, Desh . . . . RRR. **2**.
N. semilugubris, Desh . . . . RRR. **2**.
N. tricarinata, de Lamk . . CC. **5**.

Neritina.
N. schmideliana, Chemnitz. CC. **1**. **5**.
N. gratiosa, Desh . . . . AR. **2**.
N. Dutemplei, Desh . . . . . . R. **3**.
N. jaspidea, Desh . . . . AC. **2**.
N. sincenyensis, Desh . . . . AC. **3**.
N. globulus, de Fer . . . . . C. **3**.
N. consobrina, de Fer . . . . AR. **3**.
N. pisiformis, de Fer . . . . AC. **3**.
N. nucleus, Desh . . . . RR. **5**.
N. zonaria, Desh . . . . AR. **5**.

Natica, Adanson.
COQUILLES A OMBILIC SIMPLE.
Espèces déprimées.
N. infundibulum, Watelet . . AC. **2**. **3**. **5**.
N. Woodi, Desh . . . . C. **2**.
Espèces globuleuses.
N. labellata, de Lamk . . . . C. **5**.
N. tenuicula, Desh . . . . . . AR. **2**. **5**.
N. venusta, Desh . . . . AC. **5**.
N. Blainvillei, Desh . . . . . . AC. **5**.
N. Hamiltoni, Desh . . . . . . R. **5**.
N. consobrina, Desh . . . . AR. **3**.
N. abducta, Desh . . . . AC. **2**.
N. repanda, Desh . . . . AR. **2**.
N. hantoniensis, Pilkington. R. **2**. **5**.
COQUILLES AYANT UN FUNICULE
DANS L'OMBILIC.
Espèces à ombilic ouvert.
N. perforata, Desh . . . . . . AC. **5**.
N. Matheroni, Desh . . . . . . C. **1**. **5**.
N. epiglottinoides, Desh . . C. **5**.
N. separata, Desh . . . . AC. **5**.
N. microglossa, Desh . . . . AC. **5**.
N. Stopani, Desh . . . . AR. **5**.

Espèces dont l'ombilic est rempli par la callosité.

N. insolita, Desh........ RRR. **5**.
N. occulta, Desh........ AR. **5**.

COQUILLES DONT LE LIMBE OMBILICAL REMPLACE LE FUNICULE.

Espèces évasées.

N. splendida, Desh...... AC. **4**.
N. semipatula, Desh..... C. **5**.
N. cuspidata, Desh...... R. **4**.

Espèces globuleuses.

N. Forbesi, Desh........ RR. **4**.
N. globus, Desh......... AR. **5**.

COQUILLES A OMBILIC PETIT OU FERMÉ.

Espèces globuleuses.

N. Merciniensis, Desh.... RR. **5**.
N. lignitarum, Desh..... C. **3**.
N. intermedia, Desh..... AR. **5**.

Espèces allongées.

N. dissimilis, Desh...... AC. **4. 5**.
A. suessionensis, d'Orb... R. **4. 5**.
N. sinuosa, d'Orb........ C. **4. 5**.
N. Levesquei, d'Orb..... C. **4. 5**.
N. paludiniformis, d'Orb.. CC. **4. 5**.
....

Sigaretus, de Lamk.

S. Levesquei, Recluz.... RR. **5**.

Cancellaria, de Lamk.

C. dentifera, Desh....... RR. **4. 5**.
C. delecta, Desh........ AR. **5**.
C. crenulata, Desh ...... RR. **5**.
C. angusta, Watelet..... R. **4**.
C. interrupta, Desh...... RR. **4**.
C. speciosa, Desh....... RRR. **5**.
C. ornata, Desh......... RRR. **5**.
C. Maglorii, Mellev...... RR. **4. 5**.
C. subevulsa, d'Orb...... AC. **4. 5**.
C. nana, Desh.......... RR. **4. 5**.

Cerithium, Adanson.

COQUILLES DONT LE BORD DE L'OUVERTURE EST ÉPAIS ET PROÉMINENT EN AVANT.

Espèces allongées.

C. funatum, Mantell..... CC. **3**.
C. circinatum, Desh..... RRR. **2**.
C. editum, Desh........ RRR. **2**.
C. Wateleti, Desh....... RR. **3**.
C. involutum, de Lamk... C. **5**.
C. gradatum, Desh....... C. **5**.
C. alternans, Desh....... C. **5**.
C. detritum, Desh....... R. **5**.
C. mitreola, Desh....... AR. **5**.
C. stephanophorum, Desh.. R. **5**.

Espèces courtes conoïdes.

C. papale, Desh......... CC. **5**.
C. turris, Desh......... C. **3**.
C. proavus, Desh....... R. **2**.
C. tuba, Desh.......... RR. **2**.

COQUILLES A BORD DROIT NON PROÉMINENT EN AVANT.

Espèces à bord épais.

Point de varices.

C. semicostatum, Desh... RR. **2**.
C. obesum, Desh........ RR. **2**.
C. bellovacinum, Desh... RRR. **2**.
C. Defrancei, Desh...... R. **2**.
C. pyramidatum, Desh... RRR. **5**.
C. spectabile, Desh...... RR. **5**.
C. spinosum, Desh....... RRR. **5**.
C. pyreniforme, Desh..... RR. **3. 5**.
C. unisulcatum, de Lamk. R. **5**.
C. modunense, Desh..... RRR. **3**.
C. consobrinus, Desh .... AC. **2**.
C. diastomoides, Desh.... RR. **5**.
C. Brimonti, Desh...... RR. **2**.
C. aequatum, Desh...... R. **2**.
C. goniophorum .... AC. **2**.
C. Fischeri, Desh....... RR. **3**.
C. jucundum, Desh...... RR. **2**.
C. Labechei, Desh....... RRR. **5**.

Des varices.

C. chlatratum, Desh..... R. **5**.
C. plicatulum, Desh...... AC. **5**.
C. gibbosum, Desh...... AC. **4. 5**.
C. gibbosulum, Desh..... C. **4**.

Espèces à bord simple et tranchant.

Point de varices.

C. catalaunense, Desh.... CC. **2**.

Des varices.

C. tenuistriatum, Desh... RR. **5**.
C. intangibile, Desh...... C. **2**.
C. intermissum, Desh.... R. **2**.

COQUILLES A OUVERTURE COURTE, CANAL TERMINAL TRÈS-COURT.

Espèces à bord profondément sinueux.

Potamides Alex. Brong.

C. turbinoides, Desh..... C. **3**.
C. constrictum, Desh.... C. **2**.
C. subacutum, d'Orb.... C. **5**.
C. Bianconii, Desh...... RR. **2**.
C. biseriale, Desh....... CC. **5**.
C. inopinatum, Desh..... RR. **3**.

Espèces à bord peu sinueux.

C. parcicostatum, Watelet. RR. **5**.
C. Philippardi, Watelet... AR. **5**.

COQUILLES MULTISPIRÉES.

Espèces cancellées.

C. alveolatum, Desh..... RRR. **5**.
C. sculptatum, Desh..... RR. **2**.

Espèces treillisées.

C. cylindraceum, Desh... RR. **2**.
C. accedens, Desh...... RR. **2**.
C. prælanoum, Desh..... AC. **5**.
C. sulciferum, Mellev.... AC. **5**.
C. cuisense, Desh...... RR. **5**.
C. tritorquatum, Desh.... RR. **5**.
C. capillaceum, Desh.... R. **2**.
C. terebrale, Desh...... AC. **2**. **5**.
C. polygyratum, Watelet.. RRR. **3**.

Espèces ombiliquées.

C. pervium, Desh....... AR. **5**.
C. deceptor, Desh....... R. **4**.
C. apertum, Desh....... RR. **5**.
C. dulce, Desh........ RR. **5**.
C. perforatum, de Lamk.. RR. **5**.

Espèces sillonnés.

C. mundulum, Desh..... RRR. **5**.
C. variatum, Desh....... RRR. **5**.

COQUILLES COURTES, CANAL TERMINAL LARGE ET TRÈS-COURT.

Sandbergeria.

C. pseudoventricosum, d'Orb. RR. **5**.
C. subobtusum, d'Orb.... RR. **5**.
C. regulare, Desh...... AR. **5**.
C. cyclostomoides, Desh.. AR. **5**.

COQUILLES COURTES BUCCINIFORMES.

C. breviculum, Desh..... CC. **5**.

COQUILLES DE GENRE INCERTAIN.

C.? teniolatum, Desh..... RR. **5**.
C.? resectum, Desh...... AC. **5**.
C.? suessionense, Desh .. RRR. **5**.

Triforis, Desh.

T. ambiguus, Desh...... RR. **5**.

Fusus, de Lamk.

Espèces à canal long et droit.

F. unicarinatus, Desh.... R. **5**.
F. longævus, de Lamk.... C. **4**. **5**.
F. Lamberti, Desh...... R. **5**.
F. subulatus, de Lamk... R. **5**.
F. segregatus, Desh.... RR. **5**.
F. costarius, Desh...... AC. **5**.
F. Mariæ, Mellev. ..... C. **2**.
F. angustus, Desh....... RR. **4**. **5**.

Espèces à canal court, ou large, ou tordu.

F. exiguus, Desh........ C. **5**.
F. minax, de Lamk...... RRR. **4**. **5**.
F. planicostatus, Mellev.. C. **2**.
F. Herouvallensis, Desh.. RR. **5**.

F. latus, Sow.......... C. **3**.
F. bifasciatus, Sow...... RRR. **5**.
F. regularis, Sow........ RR. **5**.
F. sulcatus, Desh....... RRR. **5**.
F. semiplicatus, Desh..... R. **5**.
F. bulbiformis, de Lamk.. AC. **5**.
F. ficulneus, de Lamk.... AC. **5**.
F. subscalarinus, d'Orb.. RR. **5**.

Turbinella, de Lamk.

T. minor, Desh......... RR. **2**.

Pyrula, de Lamk.

P. Velani, Watelet ...... RRR. **4**.

Triton, de Lamk.

T. antiquum, Desh...... R. **2**.
T. Lejeunii, Mellev...... RR. **5**.
T. angustum, Desh .... C. **5**.
T. nov. spec........... RRR. **5**.

Murex, Lin.

COQUILLES A TROIS VARICES.

....

COQUILLES AYANT PLUS DE TROIS VARICES.

M. foliaceus, Desh....... R. **5**.
M. flexuosus, Desh. .... R. **5**.
M. plicatilis, de Lamk.. . C. **5**.
M. multistriatus, Desh... RRR. **2**.

Typhis, Montfort.

T. coronarius, Desh...... RR. **5**.

Borsonia, Bellardi.

B. marginata, Desh...... RR. **4**.

Pleurotoma, de Lamk.

COQUILLES FUSIFORMES.

P. antiqua, Desh........ RRR. **2**.
P. Lamberti, Desh...... RR. **5**.
P. exornata, Desh....... R. **4**. **5**.
P. Vaudini, Desh....... R. **5**.
P. catenula, Desh ...... RR. **4**. **4**.
P. terebralis, de Lamk... C. **5**.
P. Wateleti, Desh....... RRR. **5**.
P. Hornesi, Desh........ CC. **4**. **5**.
P. decipiens, Desh...... AC. **5**.
P. multigyrata, Desh.... R. **5**.
P. Larteti, Desh........ AR. **5**.
P. torquata, Desh....... RR. **5**.
P. cancellata, Desh...... C. **4**. **5**.
P. Lajonkairi, Desh...... CC. **4**. **5**.
P. expedita, Desh...... C. **4**. **5**.
P. distans, Desh........ AR. **5**.
P. spreta, Desh......... R. **5**.
P. striatularis, Desh..... RR. **5**.
P. raricostulata, Desh.... AR. **5**.
P. cuisense, Desh....... AR. **5**.
P. tenuistriata, Desh..... RR. **5**.

P. Nilsoni, Desh........ RR. **5**.
P. turella, de Lamk .... C. **5**.
P. subattenuata, d'Orb... AC. **4. 5**.
P. striolaris, Desh....... AR. **4. 5**.
P. plicata, de Lamk...... C. **4. 5**.
P. subelegans, d'Orb..... AC. **5**.
P. pyrulata, Desh....... AR. **4. 5**.
P. Chapuisi, Desh....... RRR. **5**.

COQUILLES CONIFORMES.

P. interposita, Desh...... RR. **4**.
P. seminuda, Desh...... RR. **4. 5**.
P. evulsa. Desh...:.... AR. **5**.
P. sublævigata, d'Orb.... **5**.

Conus, Linné.

Espèce à spire couronnée.

C. bicoronatus, Mellev.... RRR. **5**.

Espèces non couronnées.

. . . .

Ficula, Swainson.

F. tricostata, Desh....... CC. **4. 5**.
F. Smithi? Sow........ RRR. **2**.

Chenopus, Philippi.

C. Heberti, Desh........ RRR. **2**.
C. dispar, Desh........ RR. **2**.
C. analogus, Desh...... RRR. **2**.

Rostellaria, de Lamk.

R. Dewalquei, Desh...... R. **5**.
R. incrassata, Desh...... R. **5**.
R. Geoffroyi, Watelet.... RRR. **4**.
R. callosa, Desh........ RRR. **2** et **5**?
R. mirabilis, Desh....... RRR. **5**.
R. fissurella, de Lamk... CC. **5**.
R. interrupta, Desh...... RR. **5**.
R. sublævigata, d'Orb.... R. **4**.
R. lucida, Sow........ R. **4**.
R. Marceauxi, Desh.... RRR. **2**.
R. turgida, Desh....... RRR. **2**.
R. humerosa, Desh..... C. 2.

Strombus, Linné.
S. rostellarioides, Watelet. RRR. **5**.

Terebellum, de Lamk.
T. fusiforme, de Lamk.... C. **4. 5**.

Cassidaria, de Lamk.
C. diadema, Desh........ AR. **4. 5**.

Buccinum, de Lamk.

B. stromboides, Herman.. C. **5**.
B. ovatum, Desh........ RR. **5**.
B. acies, Watelet....... RR. **5**.
B. Desorii, Desh........ AC. **2**.
B. latum, Desh........ RR. **2**.
B. subambiguum, d'Orb.. C. **5**.
B. quæsitum, Desh...... C. **2**.
B. deceptum, Desh...... AC. **2**.
B. cylindraceum. Desh... RRR. **4**.

Pseudoliva, Swainson.

P. semicostata, Desh..... RR. **3**.
P. fissurata, Desh....... AR. **2**.
P. prima, Desh........ R. **2**.
P. nov. spec.......... RRR **4**.

Truncaria, A. Adans et Reeve.

T. insolita, Desh........ RRR. **5**.

Terebra, de Lamk.

T. plicatula, de Lamk.... C. **5**.

Oliva, Bruguière.

O. mitreola, de Lamk..... AC. **5**.

Ancillaria, de Lamk.

A. buccinoides, de Lamk. C. **4. 5**.
A. canalifera, de Lamk... AC. **5**.

Volvaria, de Lamk.

V. Lamarki, Desh....... RRR. **5**.

Marginella, de Lamk.

M.   RRR. **5**

Erato, Risso.

E. Wateleti, Desh....... RRR. **4**.

Cypræa, Linn.

C. Levesquei, Desh...... RRR. **5**.
C. exerta, Desh........ RRR. **5**.
C. prisca, Desh........ RRR. **2**.
C. interposita, Desh..... RRR. **5**.
C. nov. spec.......... RRR. **5**.
C. acuminata, Mellev..... RRR. **5**.

Ovula, Bruguière.

O. tuberculosa, Duclos... RRR. **5**.

Mitra, de Lamk.

M. hordeola, Desh....... AR. **5**.
M. prisca, Desh........ RR. **2**.
M. aizyensis, Desh....... RR. **4**.
M. extranea, Desh....... RR. **4**.

Voluta, Linné.

COQUILLES MINCES PIRIFORMES.

V. Baudoni, Desh....... RRR. **2**.
V. plicatella, Desh...... AR. **5**.

COQUILLES TURBINÉES.

Espèces à plis columellaires petits.

V. depressa, de Lamk.... R. **2. 4. 5**.
V. elevata, Sow........ C. **5**.
V. trisulcata, Desh...... RRR. **5**.

COQUILLES FUSIFORMES.

*Espèces à plis columellaires gros
et presque égaux.*

V. Wateleti, Desh....... RR. **5**.
V. zonata, Desh........ RRR. **4**.
V. angusta, Desh....... C. **4. 5**.

COQUILLES OVALES MULTICOSTULÉES.

. . . .

COQUILLES BUCCINOIDES.
V. multistriata, Desh.... RRR. 5.

Belosepia, Valtz.
B. tricarinata, Watelet... R. 5.

Beloptera, Desh.
B. Levesquei, de Fer. et d'Orb. R. 5.

Nautilus, Breyn.
N. parisiensis, Desh..... RRR. 5.

MOLLUSQUES

BIVALVES.

Clavagella.
Espèces couronnées.

. . . .

Espèces hérissées.
C. primigenia, Desh..... RR. 2.
Espèces douteuses.

. . . .

Gastrochæna, Spengler.
COQUILLES MODIOLIFORMES.
G. bipartita, Watelet..... RR. 5.
COQUILLES CUNÉIFORMES.

. . . .

Teredo, Linné.
T. modica, Desh........ AR. 5.

Teredina, de Lamk.
T. personata, de Lamk... C. 3.
T. Oweni, Desh.... ... R. 2.
T.? Heberti, Desh....... R. 2.

Pholas, Linné.
Pholades.
P. Levesquei, Watelet.... AR. 5.
Scutigères.
P. affinis, Desh......... RRR. 5.
Scutellaires.
Martesia, Gray.
P. proxima, Desh....... RRR. 3.
Térédiniformes.
P. tripartita, Desh....... RR. 2.

Solen, Linné.
S. angustus, Desh....... RR. 4.
S. rimosus? Bellardi..... RRR. 5.
S.   RRR. 5.

Cultellus, Schum.
C. fragilis, Desmoul..... RR. 5.

Siliqua, Megerle.
S. Lamarki, Desh........ AR. 5.

Panopæa, Ménard de la Groye.
P. intermedia, Sow...... RR. 5.
P. Wateleti, Desh....... RR. 4.
P. Vaudini, Desh....... RR. 5.
P. remensis, Desh...... RR. 2.
P. minor, Desh......... RRR. 5.

Sphenia, Turton.
COQUILLES OVALAIRES.
Espèces à sinus palléal profond.
S. myalis, Desh........ AC. 5.
*Espèces à sinus palléal simple
ou très-court.*
S. anatinoides, Desh..... RRR. 5.
S. pellucida, Desh....... RRR. 3.
S. Terquemi, Desh...... RRR. 3.
S. angulata, Desh....... R. 3.
COQUILLES TRIANGULAIRES.
Espèces à sinus palléal profond.
S. fragilis, Desh........ R. 3.
*Espèces à sinus palléal simple
ou très-court.*
S. donaciformis, Desh.... AC. 5.

Corbulomya, Nyst.
C. pullus, Desh......... RR. 5.
C. seminulum, Desh .... AR. 3. 5.
C. antiqua, Desh........ RR. 2.

Corbula, Brug.
COQUILLES SUBTRIGONES.
C. gallicula, Desh....... C. 4. 5.
COQUILLES GLOBULEUSES.
C. Arnouldi, Nyst....... AR. 3.
C. muricina, Lévêque (abbé) AR. 5.
COQUILLES TRANSVERSES.
Espèces non rostrées.
C. spectabilis, Desh...... R. 3.
C. striatina, Desh........ C. 5.

Espèces rostrées.
C. regulbiensis, Morris... C. **2.4. 5.**
C. obliquata, Desh....... AR. **2.**

COQUILLES ANGULEUSES.

C. angulata, de Lamk.... RR. **5.**

Neæra, Gray.
N. Victoriæ, Desh....... R. **4. 5.**
N. Wateleti, Desh....... RRR. **4.**

Pandora, Brug.
P. primæva, Desh....... RRR. **4.**

Poromya.
P. antiqua, Desh........ R. **5.**
P. argentea, Desh....... RR. **6.**
P. Forbesi, Desh .... R. **4.**
P. paradoxa, Desh....... R. **4.**

Lyonsia, Turton.
L. plicata, Desh......... RRR. **2.**

Thracia, Leach.
T. Prestwichii, Desh..... RRR. **2.**
T. Edwardsi, Desh....... RR. **2.**
T. Bazini, Desh......... RRR. **3.**

Pholadomya, Sow.
P. cuneata, Sow........ R. **2.**
P. Konincki, Nyst....... R. **2.**
P. virgulosa, Sow....... R. **5.**

Mactra, Linn.
M. Levesquei, d'Orb..... AR. **4. 5.**
M. suessionensis, Watelet. RR. **5.**
M. Lamberti, Desh...... AR. **3.**
M. Mayeri, Watelet..... R. **5.**

Syndosmya, Recluz.
COQUILLES ALLONGÉES TRANSVERSES.
S. Lamberti, Desh....... R. **5.**

COQUILLES OVALES.
S. suessionensis, Desh.... AR. **5.**

COQUILLES SUBTRIANGULAIRES.
S. striatula, Desh........ AR. **4. 5.**
S. macrodonta, Desh..... R. **5.**

Fragilia, Desh.
F. laudunensis, Desh.... RRR. **5.**

Tellina, Lin.
COQUILLES TRANSVERSES.
Tellina.
Espèces rostrées.
T. pseudo-rostralis, d'Orb. AC. **4. 5.**
T.? acutangula, Desh..... RR. **3.**
Espèces non rostrées.
T. transversa, Desh..... RR. **5.**
T. exclusa, Desh........ R. **5.**

COQUILLES SUBTRIANGULAIRES.
Espèces trigones.
T. pseudo-donacialis, d'Orb. R. **2.**
T. Brimonti, Desh....... R. **2.**
Espèces subtrigones.
T. Edwardsi, Desh...... AR. **2. 5.**
T. Beyrichi, Desh....... R. **5.**
Espèces ovales trigones.
T. erycinoides, Desh..... R. **5.**
T. hybrida, Desh........ C. **5.**
T. idonea, Desh........ R. **5.**
T. pellicula, Desh. ..... RR. **5.**
T. denudata, Desh....... AR. **5.**
Arcopagia.
T. decorata, Watelet..... C. **5. 6.**
T. progressa, Watelet.... R. **6.**
T. ovalina, Desh........ R. **5.**

Psammobia, de Lamk.
COQUILLES SOLÉNOIDES.
P. truncatosa, Watelet.... RRR. **6.**
COQUILLES DES PSAMMOLICES VRAIES.
P. Edwardsii, Morris.... RRR. **2.**
P. consobrina, Desh..... C. **2.**
P. debilis, Desh......... R. **2.**
COQUILLES DONACIFORMES.
P. Vaudini, Desh....... R. **5.**

Donax, Linn.
D. Foucardi, Desh....... AR. **5.**
D. incerta, Desh........ R. **5.**
D. sublævis, Watelet .... RR. **5.**
D. subequilateralis, Watelet. R. **6.**
D. tumidula, Desh...... AC. **5.**
D. acutata, Desh........ AC. **5.**
D. nitida, de Lamk...... R. **5.**

Venus, Linné.
COQUILLES A IMPRESSION PALLÉALE
SIMPLE.
V. obliqua, de Lamk..... RR. **5.**
COQUILLES A IMPRESSION PALLÉALE
SINUEUSE.
*Espèce ayant une fossette en avant
de la charnière.*
V. cythereæformis, Desh.. R. **5.**
V. inopinata, Desh...... RR. **5.**
V. delicatula, Desh...... RR. **5.**
*Espèces n'ayant pas de fossette en avant
de la charnière.*
V. suessionensis, Watelet. RRR. **6.**
V. quadrata, Desh....... RR. **5.**

Cytherea, de Lamk.

Espèces oblongues transverses.

C. proxima, Desh....... C. 4. 5.
C. Wateleti, Desh....... RR. 5.
C. scintilla, Desh....... RRR. 5.

Espèces ovales obrondes.

C. obliqua, Desh........ C. 2.
C. avia, Desh........... R. 2.
C. ambigua, Desh....... CC. 4. 5.
C. suessionensis, Desh... AC. 1.
C. fastidiosa, Desh...... AR. 5.
C. Lamberti, Desh....... RR. 3.

Espèces obrondes subtrigones.

C. tranquilla, Desh...... AR. 5.
C. despecta, Desh....... AR. 5.
C. sincenyensis, Desh.... RR. 3.
C. humerosa, Desh...... R. 5.

Espèces oblongues subtrigones.

C. Dixoni, Desh........ C. 5.
C. Curionii, Desh....... R. 5.

Espèces triangulaires déprimées.

C. elegantula, Desh..... AR. 5.
C. separata, Desh........ R. 5.
C. polita, de Lamk....... R. 5.

Espèces cyprinoides.

C. fallax, Desh.......... C. 2.
C. bellovacina, Desh..... R. 2.
C. orbicularis, Edwards... AC. 2.

COQUILLES SANS SINUOSITÉ PALLÉALE.

C. pusilla, Desh......... R. 2.

Cyrena, de Lamk.

COQUILLES A DENTS LATÉRALES COURTES
ET SIMPLES.

Cyrena.

C. Lamberti, Desh....... RR. 3.
C. sincenyensis, Desh.... R. 3.
C. lunulata, Desh........ RRR. 2.

COQUILLES A DENTS LATÉRALES
ALLONGÉES, CRÉNELÉES.

Corbicula.

Espèces ovales ou suborbiculaires.

C. suborbicularis, Desh... R. 2.
C. Gravesi, Desh........ CC. 5.
C. cardioides, Desh...... RR. 3.
C. veneriformis, Desh... R. 2.
C. amygdalina, Desh..... CC. 5.
C. tetragona, Desh...... R. 5.
C. unioniformis, Desh... RR. 2.
C. psammocola, Desh.... RRR. 5.

Espèces oblongues transverses.

C. fabulina, Desb....... RR. 2.
C. tellinella, Feruss...... CC. 3.
C. singularis, Desh...... RR. 3.

C. angusta, Desh....... AC. 2.
C. parvula, Desh....... RR. 2.

Espèces trigones épaisses.

C. antiqua, Feruss...... C. 3.
C. Forbesi, Desh........ AC. 2.
C. cuneiformis, Feruss... CCC. 3.
C. trigona, Desh........ R. 3.
C. difficilis, Desh....... AC. 2.
C. intermedia, Desh..... C. 2.
C. angustidens, Desh.... C. 2.
C. Arnouldi, Michaud.... AC. 1.

Espèces trigones aplaties.

C. Heberti, Desh....... RR. 3.
C.? acutangularis, Desh... AC. 2.

COQUILLES ANOMALES.

C. crenulata, Desh...... RR. 2.

Cyclas, Brug.

C. Boissyi, Desh........ R. 1.
C. rillyensis, de Boissy.... R. 1.
C. Verneuilli, de Boissy... AR. 1.

Pisidium, Pfeiff.

P. cardiolum, Desh...... R. 2.
P. lævigatum, Desh..... R. 2.
P. nucleus, de Boissy.... RR. 1.
P. Denainvilliersi, de Boissy R. 1.

Cypricardia, de Lamk.

Cypricardia.

C. parisiensis, Desh...... AR. 5.

Coralliophaga, Adams.

C. tenuis, Desh......... R. 5.

Modiolarca, Gray.

C. edentula, Desh....... R. 5.

Anisodonta, Desh.

A. complanatum, Desh... RR. 2.

Cyprina, de Lamk.

C. scutellaria, Desh...... RRR. 2.
C. lunulata, Desh....... RRR. 2.

Cardium, Linné.

Cardium.

C. Bazini, Desb......... CC. 2.
C. hybridum, Desh...... RR. 2.
C. porulosum, de Lamk... C. 4. 5.
C. trifidum, Desh....... AR. 2.
C. Levesquei, d'Orb..... RR. 5.
C. convexum, Desh...... RR. 4.
C. asperulum, de Lamk... R. 5.
C. multisquamatum, Desh. AR. 5.
C. patruelinum, Desh..... AC. 5.
C. ingratum, Desh ...... RR. 5.
C. obliquum, Desh....... R. 5.

Discors Desh.

C. subdiscors, d'Orb..... R. 5.

Protocardia, Beyrich.

C. Wateleti, Desh........ RRR. 2.

C. fraudator, Desh....... RR. **5.**
C. Edwardsii, Desh...... C. **2.**
C. difficile, Desh........ RR. **5.**
C. semiasperum, Desh.... R. **4.**
C. Hornesi, Desh........ R. **5.**
Papyridea, Swainson.

. . . .

Hemicardium, Cuvier.

. . . .

Chama, Linné.
C. distans, Desh......... R. **5.**
C. plicatella, Desh....... RR. **5.**
C. punctulata, Desh...... R. **5.**

Sportella, Desh.
S. modesta, Desh........ RR. **5.**
S. fragilis, Desh .... RR. **2. 4. 5.**
S. gibbosula, Desh...... R. **5.**

Fimbria, Megerle.
F. Davidsoni, Desh...... AR. **2.**

Diplodonta, Bronn.
COQUILLES ORBICULAIRES.
D. ingens, Desh......... RR. **2.**
D. aizyensis, Desh....... RRR. **4.**
D. punctatissima, Desh ... C. **5.**
D. cælata. Desh........ RR. **2.**
D. Lamberti, Desh ...... AR. **5.**

COQUILLES SUBTRIGONES.
D. biimpressa, Desh..... AR. **5.**
D. duplicata, Desh...... R. **2.**
D. lævigata, Desh....... RRR. **2.**
D. eudora, Desh........ R. **4. 5.**
D. radians, Desh.. ..... C. **5.**
D. sincenyensis, Desh.... RR. **3.**
D. consors, Desh........ AC. **5.**
D. fragilis, Desh........ R. **2.**
D. inæqualis, Desh...... AR. **2.**

Lucina, Brug.
Strigilla, Turton.
L. discors, Desh........ C. **2. 4. 5.**
Axinus, Sow.
L. Goodali, Sow......... R. **2.**
L. Brongniarti, Desh..... R. **2.**
Lucina.

COQUILLES A CHARNIÈRE SANS DENT.
Espèces n'ayant point de lunule
ni de corselet.
L. depressa, Desh....... AC. **5.**
L. subcircularis, Desh.... RR. **4.**
L. argus, Desh......... C. **5.**

Espèces déprimées ayant une lunule
et un corselet.
L. consobrina, Desh..... R. **5.**

Espèces globuleuses ayant une lunule
et un corselet.

. . . .

COQUILLES AYANT DES DENTS CARDINALES
ET MANQUANT DE DENTS LATÉRALES.
Espèces à lunule et corselet peu apparents.
L. Defrancei, Desh ..... C. **5.**
L. contorta, Defr........ C. **2.**
L. contortula, Desh...... R. **4. 5.**

Espèces à lunule et corselet apparents.
L. proxima, Desh........ CC. **5.**
L. secunda, Desh........ R. **5.**
L. sparnacensis, Desh.... AC. **3.**

COQUILLES AYANT DES DENTS CARDINALES
ET UNE DENT LATÉRALE ANTÉRIEURE.
L. concinna, Desh....... RR. **2.**
L. planulata, Desh....... RR. **2.**
L. grata, Defr.......... AR. **2.**
L. Gravesi, Desh........ RRR. **2.**
L. uncinata, Defr........ CC. **2.**
L. prona, Desh......... AC. **2.**
L. subtrigona, Desh...... RR. **2.**

COQUILLES AYANT DES DENTS CARDINALES
ET DES DENTS LATÉRALES.
Espèces lenticulaires.
L. scalaris, Defr......... AC. **2.**
L. decorata, Desh....... R. **5.**
L. minuta, Desh........ RR. **2.**
L. Raquieni, Lévêque (abbé). C. **5.**
L. difficilis, Desh........ RR. **5.**
L. crenularis, Desh...... RRR. **5.**
L. umbilicata, Desh...... RRR. **2.**
L. Foucardi, Desh....... AR. **2.**
L. Levesquei, d'Orb...... AC. **5.**

Espèces gibbeuses convexes.
L. patebrosa, Desh...... R. **5.**
L. cannabina, Desh...... RR. **2.**
L. seminulum, Desh..... AC. **2. 5.**
L. nana, Desh......... R. **3.**
L. ventricosa, Watelet.... R. **5.**

Espèces inéquilatérales.
L. inæquilatera, Desh.... RR. **2.**

Espèces aplaties à dents latérales
très-écartées.
L. Prevosti, Desh........ RR. **2.**
L. mutata, Desh........ RR. **2.**
L. Michelini, Desh....... RR. **5.**
L. decipiens, Desh....... RR. **2.**
L. squamula, Desh...... C. **5.**

Lepton, Turton.
L. levigatum, Desh...... RRR. **5.**

Hindsia, Desh.
H. inæquilobata, Desh.... RR. **4.**
H. nov. spec.......... RRR. **5.**

Erycina, de Lamk.
E. Passyana, Desh...... RRR. **5.**

E. affinis, Desh........ RR. **5**.
E. squama, Desh........ R. **5**.
E. longidentata, Desh.... R. **5**.

Solemya, de Lamk.
S. Blainvillei, Desh...... RRR. **2**.

Crassatella, de Lamk.
C. Thalavignesi, Desh.... R. **4**.
C. salsensis, d'Arch...... RR. **5**.
C. scutellaria, Desh...... RR. **2**.
C. gibbosula, de Lamk... RRR. **5**.
C. bellovacina, Desh..... C. **2**.
C. propinqua, Watelet... C. **4**. **5**.
C. trigonata, de Lamk.... CC. **5**.

Cardita, Brug.
Venericardia, de Lamk.
C. planicosta, Desh...... C. **4**. **5**.
C. pectuncularis, de Lamk. AC. **2**.
C. imbricata, de Lamk... AC. **5**.
C. Conradi, Desh........ CC. **4**. **5**.
C. crenularis, Desh...... RR. **5**.
C. aizyensis, Desh...... C. **4**. **5**.
C. aliena, Desh........ R. **5**.
C. Prevosti, Desh...... C. **5**.
Cardita, de Lamk.
. . . .
Astatea, Desh.
C. decussata, ... AC. **5**.

Goodalia, Turton.
G. incrassata, Desh...... RR. **5**.
G. herouvallensis, Desh... RR. **5**.

Lutetia, Desh.
L. umbonata. Desh...... AC. **5**.

Woodia, Desh.
W. marginalis, Desh..... RR. **4**. **5**.
W. profunda, Desh...... R. **4**. **5**.

Unio, Retzius.
Anodonta, de Lamk.
U. Cordieri, Ch. d'Orb... RRR. **3**.
U. antiqua, Ch. d'Orb.... RRR. **3**.
Unio, Retzius.
U. Michaudi, Desh...... C. **3**.
U. truncatosus, Desh..... C. **3**.
U. Wateleti, Desh...... R. **3**.

Nucula, de Lamk.
N. fragilis, Desh........ C. **4**. **5**.

Nucinella, Wood.
N. suessionensis, Watelet. RR. **5**.

Leda, Schumacher.
L. prisca, Desh .... RR. **2**.
L. lævigata, Watelet..... RR. **5**.

Trigonocælia, Nyst.
T. inæquilateralis. d'Orb. C. **5**.
T. arcaoides. Watelet.... RRR. **6**.

Limopsis, Sassi.
L. lentiformis, Desh. ... AC. **5**.
L. alter, Desh......... RR. **5**.

Pectunculus, de Lamk.
P. terebratularis, de Lamk. C **2**. **3**.
P. paucidentatus, Desh... C. **3**.
P. pseudopulvinatus, d'Orb. AC. **5**.
P. polymorphus, Desh.... CC. **4**. **5**. ·
P. tenuis, Desh........ AC. **4**.
P. angustidens, Watelet.. AC. **4**.

Arca, Lin.
Arca.
A. laudunensis, Desh.... RR. **5**.
A. disjuncta, Desh....... RRR. **5**.
Acar, Gray.
. . . .
Barbatia, Gray.
A. Morlieri, Desh....... RRR. **5**. **6**.
A. Heberti, Desh........ RR. **5**.
A. intersecta, Desh...... RR. **4**.
A. exornata, Desh...... R. **5**.
Anadara, Gray.
A. interposita, Desh...... AR. **5**.
A. globulosa, Desh..... C. **5**.
Modioliformia.
A. obliquaria, Desh..... C. **5**.
A. striatularis, Desh..... C. **2**.
A. modioliformis, Desh... C. **3**. **5**.
Quadrilatera.
A. dispar, Desh........ AR. **5**.
A. textilis, Desh .... RRR. **5**.
A. effossa, Desh........ RRR. **5**.
Cucullaria, Desh.
. . . .
Cucullæa, de Lamk.
C. crassatina, de Lamk... C. **2**.
C. incerta, Desh........ C. **2**.

Modiola, de Lamk.
Modiolaria, Beck.
Espèces cylindracées.
M. hastata, Desh....... AR. **5**.
Espèces modioliformes.
M. angularis, Desh...... C. **2**.
Lithodomus, Mégerle.
Espèces longues et étroites.
. . . .
Espèces courtes.
. . . .
Modiola.
Espèces striées, subtriangulaires.
. . . .
Espèces striées, ovales.
L. radiolata, Desh....... RR. **4**.
M. valbedonensis, Watelet. RRR. **6**.

Espèces lisses.

M. dolobrata, Desh...... RR. **2**.

Mytilus, de Lamk.

, COQUILLES SANS CLOISON DANS
LE CROCHET.

Espèces lisses.

M. tenuis, Desh......... C. **2**.
M. lævigatus, Desh...... C. **3**.
M. Levesquei, Desh...... AC. **5**.

Espèces striées.

M. Dutemplei, Desh...... C. **3**.

COQUILLES AYANT UNE CLOISON DANS
LE CROCHET.

Septifer, Recluz.
M. Vaudini, Desh....... RR. **5**.

Pinna, Linné.

P. fragilis, Watelet...... RRR. **5**.

Avicula, de Lamk.

A. herouvallensis, Desh .. R. **5**.
A. aizyensis, Desh....... AR. **4**.
A. Dixoni, Desh......... RRR. **4**.
A. Wateleti, Desh .... AR. **4**.

Gervillia, Defr.

G. eocenica, Desh....... RRR. **5**.

Perna, Brug.

P. Bazini, Desh......... RR. **2**.

Lima, Brug.

L. quadrilatera, Watelet.. RRR. **6**.
L. Morlieri, Watelet...... RR. **5**.
L. analoga, Watelet...... RR. **5**.
L. distincta, Watelet..... RR. **5**.

Pecten, Brug.

Espèces lisses.

P. laudunensis, Desh..... RR. **5**.
P. squamula, de Lamk,... C. **4**. **5**.

Espèces costellées.

P. breviauritus, Desh..... RR. **2**.
P. Prestwichii, Morris.... RR. **2**.

Spondylus, Lin.

S. demissus, Desh....... RR. **5**.
S. Vaudini, Desh........ RR. **5**.

Ostrea, de Lamk.

Espèces gryphoides.

O. eversa, d'Orb........ C. **2**.

Espèces lisses.

O. inaspecta, Desh....... AR. **5**.
O. resupinata, Desh...... AR. **2**.
O. heteroclita, Defr...... R. **3**.
O. rarilamella, Desh..... AC. **4**.
O. sparnacensis, Defr ....·C. **3**.
O. angusta, Desh........ C. **5**.
O. subpunctata, d'Orb.... AR. **2**.

Espèces ayant la valve inférieure plissée.

O. suessionensis, Desh... RR. **4**. **5**.
O. bellovacina, Desh..... CC. **3**.
O. multicostata, Desh.... CC. **3**.
O. submissa, Desh...... C. **5**.
O. plicatella, Desh....... RRR. **3**.

Placuna, Brug.

P. solida, Desh........ RRR. **5**.

Anomya, Lin.

A. primæva, Desh....... AR. **4**. **5**.
A. Casanovei, Desh...... AC. **3**.

LISTE DES OUVRAGES

OÙ SONT DÉCRITS POUR LA PREMIÈRE FOIS LES FOSSILES DU BASSIN
DE PARIS.

HERMANN. 1781, Naturforscher.

LAMARCK (DE). 1802-16, Annales du Muséum, t. I, II, III, IV, V, VI, VII,
VIII, IX, XII, XIV, XV.

BRONGNIART (Alex.). 1810, Essai sur la minéralogie géognostique des environs
de Paris.

BRARD. 1811, Journal de physique.

SOWERBY. 1814, Mineral Conchyliology.

FÉRUSSAC (DE). 1814, Mémoires de géologie.

BRARD. 1815-16, Annales du Muséum, t. XIV et XV.

BRONGNIART (Alex.). 1816, Annales du Muséum, t. XV.

FÉRUSSAC (DE) et DESHAYES. 1820-51, Histoire naturelle des mollusques.

FÉRUSSAC (DE). 1820, Histoire des mollusques terrestres et fluviatiles.

DESHAYES. 1823-30, Mémoire de la Société d'histoire naturelle de Paris.

DESHAYES. 1824-37, Description des coquilles fossiles des environs de Paris.

DESHAYES. 1825, Monographie du genre Dentale.

DEFRANCE. 1827, Dictionnaire des sciences naturelles.

BRUGUIÈRE. 1830, Encyclopédie méthodique Vers.

MORRIS. 1832, Thanet Sands. foss. app. quart.

DESMOULINS. 1832, Actes de la Société linnéenne de Bordeaux.

MICHELIN. 1832, Mémoire de la Société d'agriculture de l'Aube.

CAILLAT. 1834, Bulletin de la Société de Seine-et-Oise.

ORBIGNY (Ch. D'). 1836. Magasin de zoologie.

SOWERBY. 1836, Geologic. Transact.

DUCHASTEL. 1836 (in Nyst), Recherches sur les coquilles de Hœss et Kleinsp.

BOISSY (DE). 1836, Magasin de zoologie.

MICHAUD. 1837, Magasin de zoologie.

POTIEZ et MICHAUD. 1838-44, Galerie des mollusques du Musée de Douai.

MICHAUD. 1838, Actes de la Société linnéenne de Bordeaux.

BRAUN. 1840, Walch. géogn.

Nyst. 1843, Coquilles fossiles de Belgique.

Nyst. 1843, Bulletin de la Société géologique de France, t. XIV, 1ʳᵉ série.

Melleville. 1843, Mémoire sur les sables tertiaires du bassin de Paris.

Thomæ. 1845, Nass. Jahrb.

Boissy (de). 1845-47, Bulletin de la Société géologique de France, t. III, IV, V, 2ᵉ série.

Nyst. 1846, Bulletin de la Société de géologie de France, t. III, 2ᵉ série.

Bellardi. 1847, Mémoire de la Société de géologie de France, t. IV.

Hebert. 1848-49, Bulletin de la Société de géologie de France, t. V, VI.

Reuss. 1849, Palæontographica.

Dixon. 1850, Geolog. foss. of Sussex.

Orbigny (Alc. d'). 1850, Prodrome de paléontologie.

Watelet. 1851-56, Recherches dans les sables inférieurs des environs de Soissons.

Edwards (Fred.). 1852, Eocen. mollusc.

Baudon. 1853, Journal de conchyliologie.

Merian. 1853, *In litt.*, Sandher Untersuch. Mainz.

Morris. 1854, In Prestwich, Geolog. quart. Journ., t. X.

Baudon. 1855, Essai sur quelques térébratules.

Crosse. 1862, Journal de conchyliologie, t. II, 2ᵉ série.

Pilkington. 1863, Trans. Linnean. Societ.

Sandberger. 1863, Mainz. Tertiarb.

Deshayes. 1856-65, Description des animaux sans vertèbres découverts dans le bassin de Paris.

Raincourt (de) et Meunier-Chalmas, 1863. Description d'un nouveau genre et de nouvelles espèces fossiles.

PRINCIPALES COLLECTIONS

DE FOSSILES DU BASSIN DE PARIS.

ÉTABLISSEMENTS PUBLICS.

École impériale des mines (Paris).
Faculté des sciences (Sorbonne) (Paris).
Muséum d'histoire naturelle (Paris).

VILLES DE PROVINCES.

Musée de Beauvais.
Musée de Soissons.
Musée de Vervins.

VILLES ÉTRANGÈRES.

Musée de Zurich (Suisse).

ÉTABLISSEMENTS PARTICULIERS.

Collége de Vervins.
Petit séminaire de Saint-Léger (Soissons).
Maison des Jésuites (rue de Sèvres, Paris).
Pensionnat de Saint-Charles (Chauny).

PRINCIPALES COLLECTIONS PARTICULIÈRES.

aton (abbé), Laon.	Denamvilliers.
Bazin (abbé).	Deschiens.
Beaudon, Mouy.	Deshayes.
Bernay (Ch.).	Dienval (de).
Bertelin.	Duchastel.
Bezançon.	Dutemple.
Bourgeois (abbé).	Foucard.
Caillat.	Harant.
Cazanove.	Hébert.

Horny (d').
Lambert (abbé).
Lebrun.
Lelorain.
Lousteau (Mme).
Melleville.
Meunier-Chalmas.
Michelot.
Morlière.
Nouel.

Papillon.
Passy.
Pellot.
Pilloy.
Raincourt (marquis de).
Raulin.
Tombeck.
Velain.
Watelet (Ad.).

COLLECTIONS DONT LES PROPRIÉTAIRES N'EXISTENT PLUS.

Archiac (d').
Bazin (Armand).
Berville (de).
Chevalier.
Férussac (de).
·Goubert.

Graves.
Lamarck (de).
Lévêque (abbé).
Petit.
Rigault.
Saint-Marceaux (de).

Paris. — Imprimerie de E. MARTINET, rue Mignon, 2.